142 b
2132

REFLEXIONS SOMMAIRES

SUR LES OPÉRATIONS

DE

L'ASSEMBLÉE ÉLECTORALE

DU

DEPARTEMENT DE LA HAUTE-VIENNE.

PARIS,

LE 7 FLORÈAL, AN VII DE LA RÉPUBLIQUE.

RÉFLEXIONS SOMMAIRES

SUR LES OPÉRATIONS

DE

L'ASSEMBLÉE ÉLECTORALE

DU

DÉPARTEMENT DE LA HAUTE-VIENNE.

Dans un moment où le Corps Législatif s'occupe de l'examen des procès-verbaux des Assemblées Electorales, et notamment de celles où des scissions ont eu lieu, il est plus que probable qu'il sera circonvenu par les intérêts particuliers, et les prétentions de l'ambition. Ce seroit sans doute un malheur bien grand si les passions parvenoient à faire taire la justice, si les principes constitutionnels pouvoient fléchir devant les considérations particulières : la sagesse du Corps Législatif rassure sur de pareils dangers.

Parmi les Assemblées Electorales qui ont opéré des scissions, celle de la Haute-Vienne a fixé particulièrement mon attention. Les caractères qu'elle présente n'ont rien de commun avec les scissions qu'offrent plusieurs autres départemens.

Je sais qu'en général le système des scissions ouvre une carrière immense aux abus, sur-tout lorsqu'une minorité inquiette et agitatrice ne se sépare que dans l'intention de faire la loi à la majorité, d'occasionner des troubles et des désordres, et je pense qu'on doit réprouver toute minorité scissionnaire, à moins que sa séparation n'ait été nécessitée par des motifs puissans, tels que l'infraction des lois, la violence et les voies de fait; car il est de principe incontestable qu'il ne peut y avoir d'élections que là où se trouve la majorité. Ce principe, abstraction faite de toutes considérations d'illégalité, doit être la base unique des jugemens en matière de scissions pour lesquelles on ne peut reconnoître aucune règle : toute autre conduite ouvriroit un vaste champ à l'arbitraire, et entraîneroit des conséquences fâcheuses, à moins qu'elle ne fût commandée par le salut public.

Sans entrer ici dans l'examen des considérations, soit morales, soit politiques, soit légales, qui ont donné lieu à la scission opérée dans l'Assemblée Electorale du département de la Haute-Vienne, je m'attache uniquement à saisir ses caractères. Les motifs narrés dans les procès-verbaux sont plus que suffisans pour la justifier ; je vois le calme et la sagesse présider constamment à toutes les opérations qui l'ont suivie. Je remarque que le nombre des votans y excède de plus de deux cinquièmes celui de l'Assemblée séante à l'Ecole Centrale. La réclamation ci-après (*A*) le constate d'une manière non-équivoque. J'y remarque enfin que la plupart des élus par l'Assemblée séante dans la salle des Ventes, ont réuni plus de voix que celle séant à l'Ecole Centrale n'offre de votans, c'est ce qui résulte du tableau comparatif extrait des deux procès-verbaux, et que l'on trouvera ci-après. *(B)* Il est donc bien démontré que la très-grande majorité des Electeurs du département de la Haute-Vienne composoit l'assemblée dite scissionnaire ; on ne peut dès-lors la qualifier *scissionnaire*, si l'on considère que cette grande majorité n'a fait que changer de local pour se soustraire aux dangers et aux orages dont on cherchoit à l'environner, pour ne point devenir enfin participante des violations faites aux lois. Dans cette circonstance comment se décidéra le Corps Législatif ? Donnera-t-il la préférence aux élections de l'Assemblée séante à l'Ecole Centrale ? Mais alors, indépendamment des illégalités que renferment les opérations de cette assemblée, illégalités que l'on consacreroit par une telle décision, ne seroit-ce pas violer le principe constitutionnel qui ne reconnoît d'élections légales que là où est la majorité ? Annullera-t-il les unes et les autres ? Mais, dans ce cas, ne seroit-ce pas s'arroger une attribution extensive et d'un usage dangereux ? Si un pareil systême venoit à s'établir, ne seroit-il pas à craindre que les ennemis de la

République n'essayassent d'opérer tous les ans des scissions dans chaque Département, à l'effet d'anéantir successivement la Représentation Nationale.

Je soumets ces réflexions à la sagesse du Corps Législatif.

SCHOEFNER.

(A.)

COPIE

De la Réclamation faite par les Électeurs composant l'Assemblée séante dans la salle des Ventes.

Les Électeurs soussignés, membres de l'Assemblée Electorale, séante dans la salle des Ventes, requièrent exécutoire pour l'indemnité que la Loi leur accorde.

Signés :
David, aîné.
Auvray.
Legay.
Marbouty.
Vergniaud.
Recoquillé.
Gabilhaud.
Rivaud.
Mignot.
P. J. Briquet.
Thoumassonnet.
Lavergne.
Vouzelle.
Marot.
Courdeau.
Danglard.
Bonnet.
Sudrand-des-Isles.
Laroche.
J. Besse.
Chastaing.
Donnet.

Grateyrolle.
Genty-Laborderie.
Ramigeon.
Dumas-Dubreuil.
Duroux.
Forgemol.
Gautier.
Defienas.
Ruaud.
Lafleur.
Monier.
Mazeau-Lageau, fils.
Simon Lussat.
Marchadié.
Larat.
Cluseau.
Dufour.
Lajoumard.
Lhermitte.
Brouillaud.
Pressac.
Leulier.
Sarget.

Laclaudure.
Robineau.
Varlliote.
Lesantier.
Chenaud.
Frichon.
Decressac-Villagrand.
Villelegier.
Beissac.
Verdilhac.
Balestat.
Pérysson.
Lanouailles, cadet.
Combette-Cholus.
Villetelle.
Guyot.
Paquelet.
Laborderie.
Ganny.
Chapelle.
Beyrand.
Moulin, aîné.
Puyférat-Lavergne.
Guilhaumaud.
Mallevergne.
Maublanc, jeune.
Dupuy.
Senseaud.
Ravellat-Laganne.
Lacroix.
Pigner.
Champagne.
Dutheil.
Marchadier.
Puygrenet.

Merliaud.
Gourgauderie.
Toustain, jeune.
Tarrade.
Planchon.
Rudeuil.
Delassis.
Vergniaud.
Gervais.
Moulin-Lagrange.
Poujaud.
Imbert.
Dussoub.
Pouliot.
J. Vouzellaud.
Frugier.
Durand.
Joyet-Pouzadoux.
René Prat.
Tardy.
Juniat.
Lascoux.
Gaillard.
Filhouland.
Dorsonval.
Tarrade.
Martial.
Queyroulet, aîné.
Gondinet.
Sarre.
Dumas.
Moulin-Lafaye.
Perrot.
Darfeuille.
Maud.

Peccadeau.	Simon.
Simon Beaujeu.	Fleurat.
Menut.	Merlin-le-Mas.
Massaloux.	Fleurat-Lessart.
Vignaud.	Helitas.
Descubes-Lascaux.	Labouliniére.
Chambon.	Merlin-Lacombe.
Négrier-Beaumont.	Villevaleix.

TOTAL..... 131.

Nota. Dans cette liste ne sont point compris les Fonctionnaires publics ci-après dénommés, qui n'ont pas signé, comme n'ayant pas droit à l'indemnité.

Martin.	Juge-Saint-Martin.
Vidaud.	Cruveilher.
Bachelerie.	Badou.
Raffard.	Lacroix.
Aubugeois.	Lesterp.
Sennemaud.	Périgord.
Simon-Laraside.	Faye.

RÉCAPITUTATION GÉNÉRALE.

Electeurs qui ont reçu l'indemnité.... 131.
Fonctionnaires publics n'ayant pas droit
    à l'indemnité............. 14.

TOTAL.... 145.

RÉSULTAT.

Le nombre des Electeurs du département de la Haute-Vienne étoit de 256

A DÉDUIRE.

1°. Une double nomination . . . 2 ⎫
2°. Décédé avant le 20 germinal, 1 ⎬ 12
3°. Absens pour cause de maladie ou affaires . . . . 9 ⎭

Restent présens 244

Assemblée de la salle des Ventes . 145
Assemblée de l'Ecole Centrale . . 99

NOMBRE PAREIL 244

ASSEMBLÉE ÉLECTORALE
SÉANTE A L'ÉCOLE CENTRALE.

NATURE des FONCTIONS.	NOMS des ÉLUS.	NOMBRE des VOTANS.	NOMBRE des VOTES.
Aux 500 pour 3 ans	Guineau	97	91
Idem	Jourdan	97	71
Idem pour un an	Vergniaud	90	81
Aux anciens, pour deux ans	Fombelle	91	84
Aux 500 pour deux ans	Treilhard	91	47
Juge au tribunal de cassation	Cambacérès	91	68
Suppléant	X. Audouin	80	67
Haut-juré	Gros-Tramer	92	72
Administrateur pour 5 ans	S. Bachelerie	93	47
Idem, pour 4 ans	Sulpicy	91	48
Président du tribunal criminel	Lesterp, aîné	92	83
Accusateur public	Estier	93	90
Greffier du tribunal criminel	Cousin	95	95
Suppléans au tribunal civil	Gobertière	94	88
	Latamanie	94	56

(B)

ASSEMBLÉE ÉLECTORALE

SÉANTE DANS LA SALLE DES VENTES.

NATURE des FONCTIONS.	NOMS des ÉLUS.	NOMBRE des VOTANS.	NOMBRE des VOTES.
Aux 500 pour 3 ans...	Perigord..	128	100
Idem.....	Badou....	129	89
Idem pour un an.....	Martin...	134	87
Aux anciens, pour deux ans....	Guineau...	132	114
Aux 500 pour 2 ans...	Panissat...	138	85
Juge au tribunal de cassation...	Lacroix...	120	100
Suppléant..	Moulinneuf.	115	75
Haut-juré..	Laborderie.	114	94
Administrateur pour 5 ans....	Creuzennet.	118	69
Idem pour 4 ans.....	S. Bachelerie.	128	96
Président du tribunal criminel...	Lesterp, aîné.	133	99
Accusateur public...	Mounier...	120	62
Greffier du tribunal criminel.	Cousin....	129	119
Suppléans au tribunal civil.....	Guitard aîné.	131	78
	Sudraud...	131	76
	Rudeüil....	131	Maj. relative.

(B)

(C).

LISTE

Des Signataires de la Pétition adressée au faisant fonction de commissaire, à l'effet d'obtenir un nouveau local.

Chastaing.
Gravellat-Lagaune.
Chambon.
Quégroulet.
Vergnaud.
Delaroche.
Perigord.
Auvray.
Villevaley.
Descubes-Lascaux.
Marchadier.
Lacroix.
Bachelerie.
Legay.
Vignaud.
Moulin-Lagrange.
Pouliot.
Marbouty.
Leulier.
Imbert.
Briquet.
Forgemol.
Sudraud, jeune.
Lafleur.

Raffard-Panissat.
Simon Lussat.
Dauglard.
Vouzelle.
Dufour.
Préssac.
Lavergue.
Simon D. M.
Maubanc, jeune.
Devillelegier.
Gabilhaud.
David, aîné.
Perysson.
Cluseau.
Mosnier.
Aubugeoin.
Grateyrolle.
Nuaud.
Massaloux.
Sensaud.
Durand.
Moulin, aîné.
Merlin-Leman.
Badou.

(15)

Suite de la Liste des signataires de la lettre C.

Laboulinière.
Frugier.
Simon Beaujeu.
Merlin-Lacombe.
Moulin-Delafaye.
Courdeau.
Marot.
Larat.
J. Vouzellaud.
J. Menut.
Duroux.
Mignot.
Beisse.
Robineau.
Deverdilhae.
Perrot.
Champagne.
Réné Prost.
Gaillard
Tarrade.
Martial.
Fleurat.
Lhermitte.
Dupuy.
Dumas.
Ganny.
Tarrade.
Rudeuil.
Gautier.
Thoumassonnet.
Villetel.
Besse.
Dorsonval
Gervais.

Chapelle.
Vidaud.
Recosquillé.
Juniat.
Lesentier.
Lascoux.
Varlliette.
Dutheil.
Fleurat-Lessard.
Filhoulaud.
Peccadeau.
Toustain.
Lacroix.
Puifferrat-Lavergne.
Poujaud.
Guilhaumaud.
Laborderie.
Lajoumard.
Dumas-Dubreuil.
Puygrenet.
Ramigeon.
Goudinet.
Marchadier.
Balestan.
Rivaud.
Faye.
Gourgauderie.
Genty-Laborderie.
Cruveilhier.
Defiena.
Helitan.
Chenaud.
Sarre.
Senamaud.

Fin de la Liste des signataires de la lettre C.

Vigneran.	Martin, *par adhésion.*
Tardy.	Eesterp, aîné, *idem.*
Vergnaud.	Paquelos, *idem.*
Simon Laraside.	Planchon, *idem.*

TOTAL . . . 124.

De l'Imprimerie du Propagateur, rue J. J. Rousseau, numéro 355.

www.ingramcontent.com/pod-product-compliance
Lightning Source LLC
Chambersburg PA
CBHW060451050426
42451CB00014B/3266